मेरे एहसास

AF107915

भावना अवस्थी

BlueRose ONE.com
Stories Matter
NewDelhi • London

BLUEROSE PUBLISHERS
India | U.K.

Copyright © Bhawana Awasthi 2024

All rights reserved by author. No part of this publication may be reproduced, stored in a retrieval system or transmitted in any form or by any means, electronic, mechanical, photocopying, recording or otherwise, without the prior permission of the author. Although every precaution has been taken to verify the accuracy of the information contained herein, the publisher assumes no responsibility for any errors or omissions. No liability is assumed for damages that may result from the use of information contained within.

BlueRose Publishers takes no responsibility for any damages, losses, or liabilities that may arise from the use or misuse of the information, products, or services provided in this publication.

For permissions requests or inquiries regarding this publication, please contact:

BLUEROSE PUBLISHERS
www.BlueRoseONE.com
info@bluerosepublishers.com
+91 8882 898 898
+4407342408967

ISBN: 978-93-6452-570-1

Cover design: Shivam
Typesetting: Namrata Saini

First Edition: November 2024

श्रीमती भावना (जोशी) अवस्थी के कविता संग्रह की डिजिटल प्रति मेरे सामने है। उन्होंने मुझसे आग्रह किया कि मैं उसे पढ़कर अपनी प्रतिक्रिया दूँ। भावना जी की कविताओं को पढ़कर मैं अभिभूत हूँ की एक अंग्रेजी साहित्य की अध्येता हिंदी में इतनी सुन्दर एवं भावपूर्ण कविताएँ लिख रही हैं।

भावना जी एक सुमधुर कण्ठ वाली गायिका ही नहीं, एक भावपूर्ण कवियत्री भी हैं। जज़्बात - एहसास - भाव हर किसी के हृदय में होते हैं पर अपनी उस भाव - संपत्ति को दूसरों के लिए लुटाना तो कोई कविहृदय वाला व्यक्ति ही जानता है।

समाज / देश में घटित होने वाली घटनाएँ सभी को प्रभावित करती हैं लेकिन कवि मन को तो कुछ इस तरह से उद्वेलित करती है कि कवि के हृदय के उद्धार कविता के रूप में उसके मुख से प्रस्फुटित हो उठते हैं। आज हर व्यक्ति / परिवार / समाज / देश नानाविध समस्याओं से जूझ रहा है। उन समस्याओं को सबके सम्मुख लाने का प्रयास सुश्री भावना ने अपनी कविताओं के माध्यम से किया है।

" कहीं कोई बिछड़ जाए तो कविता बनती है,
दुःख आखों में नमी लाए तो कविता बनती है। "

कविता के उद्भव का सुन्दर हेतु कुछ इस से व्यक्त किया है।

समाज में परम्परा के नाम पर होने वाला ढकोसला जज़्बाती व्यक्ति को टीस देता है जो कुछ इस तरह से व्यक्त हुई है।

" तकलीफ़ में चले जाते हैं माँ बाप,
लेकिन उनकी तेरहवीं में भोग होता है। "

आज के दौर में बेटे भी कमाने के लिए घर से विदा हो जाते हैं। अनेक कष्ट झेलते हैं पर मुँह से उफ़ तक नहीं करते । बेटों का ये मूक दर्द कवि के जज़्बातों को झकझोरने के लिए काफ़ी है।

" वृद्धाश्रम लाया बेटा माँ बाप को दाखिल करने,
शिकन नहीं चेहरे पर कुछ भी लगा फटाफट फॉर्म वो भरने। "

' वृद्धाश्रम ' कविता कि यह पंक्तियाँ पारिवारिक रिश्तों के बिखरते ताने - बाने की तस्वीर पेश करती है।

ऐसा कहा जाता है कि बेटी माँ की परछाई होती है। उसे हर अला - बला से बचाना चाहती है माँ। बेटी के लिए माँ की भावना को व्यक्त करते हुए भावना जी ने लिखा है –

" मैं उसके (बेटी के) पथ के कांटे चुनूँगी,
मैं उसके लिए पंख बुनूँग। "

आज राजनीति में व्याप्त हलाहल से भी कवि - मन अछूता नहीं रह सका। " वह एक शख़्स " कविता के माध्यम से देशसेवा के जज़्बे से लबरेज़ उस एक शख़्स की पीड़ा को कवि हृदय ने गहराई से अभिव्यक्त किया है।

घर - बाहर की भागादौड़ी में सामंजस्य बैठाती आज की नारी कहीं खो सी गयी है। वह पल - पल खुद को ढूँढती रहती है। नारी - मन की इसी छटपटाहट को व्यक्त करती कविता है " मैं "। इस कविता के माध्यम से कवियत्री ने सभी नारियों के मनोभावों को आवाज़ दी है।

" इन्सानों की दुनिया में इन्सानियत नहीं है,
रिश्ते बहुत बने हैं लेकिन अपनाइयत नहीं है। "

आज के खोखले रिश्तों वाली वर्चुअल दुनिया की सटीक तस्वीर पेश करती यह कविता नितान्त सार्थक है।

आज हर क्षेत्र में पुरुषों की बराबरी करती नारी और साथ ही परम्पराओं का यथासंभव पालन करती स्त्री - यह नारी जीवन का साम्यवाद है, जिसका बख़ूबी चित्रण " आधुनिक नारी " और " यह महिलाएँ " में हुआ है।

आज की भागमभाग ज़िन्दगी, भारतीय संस्कृति में नारी, परिवार में बेटियों का महत्व, कन्या - भ्रूण हत्या, बढ़ते वृद्धाश्रम, नौकरी हेतु बेटों का प्रवास इत्यादि इत्यादि अनेकानेक समसामयिक विषयों को भावना जी ने अपनी कविताओं में जगह दी है। उनकी कविताएँ पाठक के दिल में गहरे उतरकर उसे देश / समाज / परिवार सबके विषय में सोचने को विवश कर देती है।

मैं श्रीमती भावना अवस्थी की कविताओं से अत्यन्त प्रभावित हूँ। आशा है कि वे अपने लेखन - पथ पर सतत अग्रसर होती रहेंगी। इति शुभआशीषम।

प्रोफेसर (सेवानिवृत) श्रीमती पुष्पा अवस्थी

अल्मोड़ा

24 अगस्त, 2024

मुझे अत्यंत प्रसन्नता हो रही है कि भावना (जोशी) अवस्थी का पहला कविता संग्रह प्रकाशित हो रहा है| भावना पूर्व में मेरी विद्यार्थी रही हैं और उन्होंने कुमाऊं विश्विद्यालय के अल्मोड़ा परिसर से एम. ए. अंग्रेजी की डिग्री हासिल की थी| विद्यार्थी जीवन से ही भावना की संगीत और साहित्य में विशेष रूचि थी और एक गायिका के रूप में उन्होंने कालेज में ही नहीं अपितु विभिन्न मंचों पर अपनी प्रतिभा का लोहा मनवाया है| वह अपनी मातृभाषा हिंदी में कविताएं लिखती हैं और इस संग्रह में उन्होंने विभिन्न विषयों पर कविताएं लिखी हैं| एक माता की पीड़ा जिसने अपने पति को खोने के बाद बच्चों की संघर्ष के साथ परवरिश की और बाद में वो अकेली रह जाती है, पहाड़ के गावों से पलायन का दर्द, एक नेता का भ्रष्टाचार मिटाने का संकल्प एवं संघर्ष (जो कि हमारे प्रधानमंत्री श्री नरेंद्र मोदी जी का बिना नाम लिए वर्णन लगता है), एक पिता का अपनी पत्नी को वृद्धावस्था में खोने का दर्द, ऐसे महत्वपूर्ण विषयों पर भावना ने बहुत मार्मिक कवितायेँ लिखी हैं| भावना की कविताएँ पाठकों को पसंद आएँगी, इसका मुझे पूर्ण विश्वास है| मेरी अनेक शुभकामनाएं|

प्रोफेसर (सेवानिवृत) एस. ए. हामिद,

अल्मोड़ा

18 अगस्त, 2024

भावना अवस्थी की कविताएं

कलाकार किसी एक माध्यम को लेकर कला साधना करता हुआ आगे बढ़ता है। आगे बढ़ते हुए भी कई बार अनुभूतियों के प्रकटन की संतुष्टि नहीं हो पाती। तब वह कभी गहन-गहरे डूब कर तो कभी उसे विस्तारित करता हुआ उसमें नई-नई संभावनाएं खोजता रहता है। अनेक बार ऐसा भी होता है कि संवेदनाएं अपने अनुरूप इतर माध्यमों का स्वयं चयन कर उनमें अभिव्यक्त होने लगती हैं। इसीलिए खलील जिब्रान, रवींद्रनाथ टैगोर और अज्ञेय जैसे अनेक महान कलाकारों को हम साहित्यकार, चित्रकार और संगीतकार जैसे सभी रूपों में समान रूप से कला के उच्च शिखर का स्पर्श करते हुए देखते हैं।

सुर माधुरी की सांगीतिक प्रतिभा से संपन्न भावना अवस्थी अब तक श्रोताओं को अपने सुमधुर गीतों से आनंदित करती रही हैं। इधर उनकी संवेदनाएं शब्दों में गुंथ कर कविता के माध्यम से भी प्रकट होने लगी हैं। भिन्न-भिन्न भाव संवेदनाओं की ये काव्यात्मक अभिव्यक्तियां विविधरंगी पुष्पगुच्छ के रूप में हमारे सामने आ रही हैं। यहां भावना गीतकार या गायिका नहीं; बल्कि एक संवेदनशील शब्दकार हैं। साहित्य की अध्येता रहीं भावना जानती हैं कि संवेदनाओं को दबाने से वे दबतीं नहीं; किसी अन्य रूप में अपनेआप को प्रकट करने लगती हैं। अव्यक्त रह जाने या मौन हो जाने का अर्थ हमेशा सहमति अथवा प्रतिक्रिया हीनता ही नहीं होता। व्यक्त न होपाने पर भीतर का शोर बढ़ जाता है। शोर अनियंत्रित होकर बिखर जाए या बाढ़ बनकर विपत्ति ले आए; ऐसा न होने देने की सजगता कलाकार को अभिव्यक्ति के नए माध्यमों एवं नये प्रयोगों की ओर प्रेरित करती है। इसे भावना ने भी तीव्रता से अनुभव किया है, इसलिए वे कहती हैं;

चुन ली खामोशियां मैंने
अब बाहर नहीं
मन के भीतर शोर है
अब सुन लेती हूं बात
लौटाती नहीं कुछ वापस – –

तो अब क्या हो रहा है ?

ज्वार उमड़ रहा है
विचारों का शोर सुन रही हूं
कलम कागज ले लिए हैं
बस शब्द चुन रही हूं।

इस तरह एक नए कवि का उदय होता है। इन पंक्तियों में भावना ने संवेदनाओं के दबाववश अभिव्यक्ति की अनिवार्यता का भेद भी खोल कर रख दिया है।

दबाव केवल मौन रह जाने की विवशता का ही नहीं है; अतीत की स्मृतियों का भी है। स्मृतियों में बचपन है, बचपन का परिवेश है, मित्र हैं और माँ तो है ही। उसके चले जाने के बाद अनुभव होता है कि सच में वह क्या थी;

माँ
कभी बूढ़ी नहीं होती
वह कभी थकती नहीं
एक एहसास है बहता रगों में
मर के भी मरती नहीं
मां

रक्त प्रवाह के साथ अस्तित्व का अंग बनी मां मृत्यु के बाद भी कहीं जाती नहीं; भीतर बसी रहती है; हमेशा। इसी प्रकार बचपन भी अंदर सदा जीवंत बना रहता है। वर्तमान जीवन की व्यस्त-त्रस्त दिनचर्या में हम भले ही उसे पीछे धकेलते रहें; वह मौका पाते ही सामने प्रकट हो जाता है। आंखों की चमक और उंगली के इशारों से अपनी ओर खींचने लगता है। तब मन उत्कंठित होने लगता है कि हवाओं का रुख मोड़ कर पीछे लौट जाएं; बचपन की फुलवारियों में;

<blockquote>
काश! वक्त की शाख से
कुछ लम्हे तोड़ पाती!
रुख हवाओं का मोड़ पाती!
जिस आंगन में बचपन छोड़ आई हूं
अपने दोस्त, लड़कपन छोड़ आई हूं
काश! वे कड़ियां फिर जोड़ पाती!
</blockquote>

समय कभी पीछे को नहीं चलता और बचपन कभी लौट कर नहीं आता। पुराने मित्र और स्वजन ही नहीं; अक्सर जगह का भी स्वरूप और स्वभाव तक बदल जाता है। पुराने मित्र, पुराने प्रसंग उसी जगह उसी रूप में फिर नहीं मिलते, फिर भी बचपन का वह निर्मल आनंद अक्षुण्ण रहता है। जो प्रिय मित्र सदैव के लिए दूर हो जाते हैं; उनकी स्मृतियां समय के साथ अधिक गहरी होती जाती हैं। ऐसे ही एक प्रिय मित्र को भावना इस तरह याद करती हैं;

<blockquote>
पुराने चावलों की खुशबू जैसा
एक दोस्त मेरा पुराना था
बहती धारा-सा निश्छल
दूध जैसा उज्ज्वल
हवाओं- सा बहता
</blockquote>

> अपनी धुन में रहता
> खरा सोना पुराना
> मौसम जैसे सुहाना था
> खुद में पूरा जमाना था।

सुहाने मौसम के प्रतिरूप उस पुराने मित्र की स्मृतियां एक निश्छल निर्मल कोमल संबंध का स्फूर्तिदायक स्पर्श कराती हैं। पुराने चावलों की खुशबू जैसा उपमान इस संबंध की तरल पारदर्शी आत्मीयता की अनुभूति कराता है। इसके साथ ही उसका अपने में पूरा जमाना होना उसके बहिर्मुखी व्यक्तित्व के प्रभाव को दर्शाता है।

यह कवयित्री केवल अतीत राग ही नहीं गाती; अपने वर्तमान समय और परिवेश का भी सतत आकलन करती रहती है। अपने शब्दों से वह कभी सीमा के प्रहरियों की वर्दी से लेकर देश के नभ- धरा, खेतों-खलिहानों से होते हुए देशवासियों के मन- मस्तिष्क पर राज करने वाले तिरंगे का सत्कार करती है; तो कभी समाज के प्रत्येक अंग में व्याप्त भ्रष्ट आचरण को सुधारने के प्रयत्नों में जुटे मुट्ठी भर सुधारकों के प्रति सहानुभूति व्यक्त करती हैं;

> झूठ से लबरेज समंदर में
> बूंद भर सच्चाई मिलाने चला था
> कितना बावला था वह एक शख्स!

दंभ-आडंबर से आच्छादित इस वातावरण में सत्य की राह पर चलना कितना कठिन है! इसके लिए समंदर और बूंद का सार्थक प्रतीक चुनती कवयित्री सत्य निष्ठा पर चलने वाले व्यक्ति को भले ही बावला विशेषण से विभूषित करती हैं, किंतु उसके प्रति उनकी गहरी सहानुभूति और आदर इन पंक्तियों में सतत महसूस होते रहते हैं।

आज के संदर्भ में भावना की सबसे प्रासंगिक कविता है; 'एक मां का दुख'। यह समय किस तरह भयावह होता जा रहा है; विशेष रूप से स्त्रियों के लिए! इस पर भावना की ये पंक्तियां उद्वेलित करती हैं;

> मैं खुद भी बाहर अकेले निकलने से डर रही हूं
> भेड़िए खुलेआम घूम रहे हैं
> बाहर निकलने से पहले
> बिटिया को हिदायत दे रही हूं
> बताती हूं कि तू सुरक्षित नहीं है
> नकारात्मकता उसके दिमाग में भर रही हूं

अपनी संतान को सकारात्मक संस्कारों से संवारने वाली एक सजग मां को किस भय और आतंक की स्थिति में न चाहते हुए भी मनुष्य के प्रति संदेह और अविश्वास के नकारात्मक संस्कार देनी पड़ते हैं? ऐसा करते हुए वह आत्मग्लानि की पीड़ा का अनुभव करती है; फिर भी विवश है। एक मां का भय उसकी विवशता और आत्मग्लानि के साथ मिलकर आक्रोश में रूपांतरित होजाता है, तब वह कहती है;

> शर्म कर लें समाज और सरकार अब
> मैं उस पर अविश्वास जता रही हूं
> मेरी बिटिया कुर्बानी का बकरा नहीं है
> उसे बुलंद आवाज में बता रही हूं।

बेटियां ही नहीं, माताएं स्वयं भी असुरक्षित हैं। यह असुरक्षा बोध दिनोंदिन व्यापक और विस्तृत होता जा रहा है। समसामयिक संदर्भ में भेड़िए का यह प्रतीक आक्रोश की अभिव्यक्ति से मिलकर प्रतिरोध की सार्थक आवाज बन जाता है। यहां आकर अनुभव होता है कि गीत- संगीत की

साधना से हटकर कभी-कभी शब्दों में या कहें काव्यात्मक अभिव्यक्तियों में प्रकट होना भी कितना आवश्यक हो जाता है!

भावना अपनी रचनाओं में कविता के स्थापित मानकों और शब्दाडंबर की विशेष परवाह न करती हुई सीधी- साफ भाषा में अपनी बात रखती हुई सिद्ध करती हैं कि कविता की पहली आवश्यकता अनुभूतियों का प्रभावात्मक संप्रेषण ही है। ये रचनाएं उनमें निहित काव्य- सृजन की अपार संभावनाओं की ओर संकेत करती हैं। हम कामना करते हैं कि भविष्य में इनकी उत्तमोत्तम रचनाएं इसी तरह प्रकट होती रहेंगी।

—------ प्रोफेसर (सेवानिवृत) **दिवा भट्ट**

अल्मोड़ा
22 अगस्त, 2024

अनुक्रमणिका

कविता..1

अफ़सोस 3

चार लोग 4

खँडहर 6

परदेस 8

वृद्धाश्रम 11

मैं पंख बुनूँगी 13

ख़ुशियाँ..14

वो एक शख़्स 15

मैं...17

मैंने देखा है 21

दोस्ती..23

प्रेम का पौधा 24

आधुनिक नारी...26

ये महिलाएँ...28

आम आदमी 30

जी ले जी भर के 31

आधुनिकता 33

दिल की बात	35
एहसास	37
ख़ुद गर्ज़ी	38
बस एक बार	39
मेरी दुनियाँ	40
भारत की नारी	42
संतोष	44
लोग	45
बिटिया	46
दिल करता है	48
मेरा संसार	49
कैसे कैसे लोग	51
ऐ सावन	52
दिल	53
ज़िन्दगी	54
हक़ीक़त	56
यूँ भी होता है	58
कभी यूँ भी हो	59
तुम	60
सौंदर्य	61
बेटियाँ	63

फ़ुर्सत के पल	65
अत्याचार (मणिपुर की घटना से प्रेरित)	66
प्रेम	68
मेरा दोस्त	70
दूर निकल आये हैं	72
बेटा	74
दिल से उतरे लोग	77
औलाद	79
स्त्री	82
चुनौतियाँ	83
ए ज़िंदगी	84
मन्नत	86
उम्मीद	87
मन की बात	88
क़ाश	90

कविता

तमन्नाओं का सैलाब उमड़ आए
तो कविता बनती है।
कोई बहुत ज़्यादा याद आए
तो कविता बनती है।

कोई बिना बात रूठ जाए
तो कविता बनती है।
फिर ख़ुद ही मान जाए
तो कविता बनती है।

कहीं कोई बिछड़ जाए
तो कविता बनती है।
मिलने की आस जग जाए
तो कविता बनती है।

दुख आँखों में नमी लाए
तो कविता बनती है।
ख़ुशी होठों पे हँसी लाए
तो कविता बनती है।

दिल किसी से लग जाए
तो कविता बनती है।
कोई दिल में ही बस जाए
तो कविता बनती है।

कोई आँखों से सब कह जाए
तो कविता बनती है
और लबों पे बात लाए
तो कविता बनती है।

कोई बात समझ जाए
तो कविता बनती है।
जज़्बात समझ जाए
तो कविता बनती है।

अफ़सोस

इंसान जो सोचता है वो कहां होता है
थोड़ा पाने के लिए बहुत कुछ खोता है
कद्र तो जीते जी हुआ करती है
जाने के बाद तो बस अफ़सोस ही होता है।

लग जाती है ज़िन्दगी जिसे बड़ा करने में
वो बेटा बड़ा होकर ख़ुद में मगन होता है
माँ बाप से ज़िन्दगी भर शिकायत करने वाला
जब बाप बनता है तो फिर वक़्त को पिरोता है।

दुनियाँ है जनाब पल पल पलटती है
करवट पे करवट बदलती है
तकलीफ़ में चले जाते हैं बूढ़े माँ बाप
लेकिन उनकी तेरहवीं पे भोग होता है।

भूल जाता है इंसान कि एक दिन यहीं आयेगा
हर शुरुआत का एक अंत ज़रूर होता है
नादानी में करता चला जाता है ग़लतियाँ
काटता वही है फिर जो धीरे धीरे बोता है।

चार लोग

चैन नहीं है इन चारों को
बात करेंगे, कुछ भी कर लो
बुरा करोगे तो बोलेंगे
करो भला तो ये तोलेंगे।

गलती को अत्याचार कहेंगे
ख़ुद की हो, व्यवहार कहेंगे
स्वयं करेंगे चाहे जो कुछ
तुमको जिम्मेदार कहेंगे।

पैदा हुए हैं हम सब जबसे
"चार लोग" ये जुड़े हैं तब से
ठेका लेते हैं हम सबका
काम नहीं कुछ और है इनका।

हर समाज में होते हैं ये
बीज बुराई बोते हैं ये
फिर भी चोखे होते हैं ये
सबसे अनोखे होते हैं ये।

ढूंढ रहे हैं हम सब इनको
नहीं जानता कोई जिनको
परवाह ही क्यों हम करते इनकी
बातें बनाना आदत जिनकी।

दिल में है बस एक तमन्ना
मिल जाएं ये चार किसी दिन
बीच चौराहे बाँध के इनको
बदले ले लूं इनसे गिन गिन।

खँडहर

पलायन की कहानी लिखने
ब्लॉगर बेटा पहुंचा गाँव
रुका उसी घर जहां बिताई
माँ बाप ने उम्र तमाम।

खोल किवाड़ पहुंचा घर भीतर
हालत देखी घर में जाकर
टपक रही थी छत टप टप कर
दिखा रह था फोटो खींचकर।

दरक रही थीं सब दीवारें
उखड़ रहे खिड़की दरवाज़े
शान से बोल रहा था सबसे
ब्लॉग बना रह हूँ घर से।

लटक रही दीवार पे उपर
तस्वीर बूढ़े माँ बाप की
इंतज़ार में चले गए वो
फ़िक्र नहीं थी तब आने की।

अब आया जब कोई नहीं है
बिखरा घर माँ बाप नहीं हैं
चूल्हा है पर आग नहीं है
कोई भी अब पास नहीं है।

ब्लॉग हिट हुआ, व्यूज़ आ गए
"Sad reality" लिखने वाले
जाने कितने लोग आ गए
झूठी भावुकता जता गए।

सच में ये सब दुखद बहुत है
गाँव अब सभी बंजर हो गए
शहरों ने निगले सब रिश्ते
घर सारे खँडहर हो गए।

परदेस

था घर का बड़ा बेटा
जिम्मेदारी जो पूरी करता
मजदूरी करने दुबई चला गया
समझो घर की रौनक ले गया।

पहले साल में जो कमाया
कर्ज उतारने में लगाया
दूजे साल की थी जो कमाई
दो बहनों की शादी कराई।

अब सोचा कुछ जमा करा लूं
तो अब्बा का फोन ये आया
बेटा अम्मी बीमार है तेरी
रुपया भेज इलाज कराया।

बहनों की शादी न देखी
बच्चों वाली दोनों हो गईं
मामू बना पर देख न पाया
भाँजे - भाँजी खिला न पाया।

चौथे बरस में अब्बा ग़ुज़र गए
छुट्टी ना मिली जा नहीं पाया
अम्मी का पैगाम ये आया
अब घर आजा बहुत हो आया।

सब समेटकर लाग लपेटकर
भागा भागा घर को आया
माँ खुश थी बस मुझे देखकर
दिल मेरा भी था भर आया।

बड़ी तमन्ना दिल में लेकर
बहनों को मिलने जा पाया
बच्चों के हाथों में थोड़ा कुछ
जो भी रखना था, रख पाया।

बहनों का अगले दिन घर पर
था शिकायती फोन ये आया
इससे तो अच्छा ना आते
दुबई से आकर कुछ ना लाया।

अब सोचता हूँ बैठकर
क्या क्या खोया, क्या क्या पाया
क्या कमाने गया विदेश मैं
सब कुछ खोया, कुछ न पाया।

वृद्धाश्रम

वृद्धाश्रम में लाया बेटा
माँ बाप को दाखिल करने
शिकन नहीं थी चेहरे पर कुछ
लगा फ़टाफ़ट फॉर्म वो भरने।

नाम लिखा माँ बाप का उसमें
उम्र लिखी अस्सी के पार
लिखा कारण होती नहीं सेवा
बीवी पर होता है भार।

पूरा फार्म भर लेने पर
किया अंत में हस्ताक्षर
जिनको छोड़ने आया आश्रम
उन्हीं का नाम ले लौटा घर।

पिता के नाम के ही सहारे
किया स्कूल और कॉलेज पास
आज भी नहीं है कोई ठिकाना
नाम नहीं गर उनका साथ।

जिनके नाम, जायदाद पे जीते
उनसे करते ये व्यवहार
आने वाली अपनी पीढ़ी
को क्या देंगे ये संस्कार।

फिर से वोही कहानी होगी
फिर होंगे वो हस्ताक्षर
फिर बेटा छोड़ेगा इनको
पछताएंगे तब जी भर।

जैसे पाल रहे हो इनको
वैसे पाला होगा तुमको
माँ बाप किस्मत से मिलते
मत भेजो वृद्धाश्रम इनको।

मैं पंख बुनूँगी

मैं ज़माने की नहीं सुनूंगी
अपनी बिटिया के लिए पंख बुनूँगी।
उसे उड़ना है ऊंचे आसमानों में
मैं उसके लिए सपने चुनूँगी।

मेरी बिटिया मेरा मान है
मेरी जान, मेरा अभिमान है
मैं उसके पथ के काँटे चुनूँगी
में उसके लिए पंख बुनूँगी।

उससे मेरा घर है रौशन
खिलखिलाता है मन आँगन
मैं उसकी मुस्कान बनूंगी
मैं उसके लिए पंख बुनूँगी।

शक्ति है मेरी बिटिया
भारत भविष्य की
मैं उसे विद्यावान करूंगी
मैं उसके लिए पंख बुनूँगी।

ख़ुशियाँ

ख़ुशियों की खेती
आसान नहीं होती
समय लगाती है
लहलहाने में।

प्यार के बीज बोने पड़ते हैं
भावों की निराई - गुड़ाई होती है
मुस्कुराहट से सींचते हैं
तब कहीं दिखाई देती है।

बढ़ती है सकारात्मक सोच से
आत्मीयता से खिलती है
दिलों की ज़मीन पर ये खेती
सद्भाव से लहलहाती है।

वो एक शख़्स

झूठ से लबरेज़ समंदर में
बूंद भर सच्चाई मिलाने चला था
कितना बावला था वो एक शख़्स
झूठे और मक्कारों का देश चलाने चला था।

दिन रात जागता रहा, दौड़ भागता रहा
चैन, नींद खोकर अपनी हमें ढापता रहा
माँ, बाप, भाई, बहन को छोड़कर
हमें अपना बनाने चला था
कितना बावला था वो एक शख़्स
दुश्मनों और ग़द्दारों को आईना दिखाने चला था।

सब मिल गए, एक हो गए, गीदड़ो की जमात वाले
वो एक शेर है मेरे यारों, सीना ताने चलता रहा
ईमानदार है बहुत, भ्रष्टाचार मिटाने चला था
कितना बावला था वो एक शख़्स
हराम और हलाल का फ़र्क बताने चला था।

भूल गया था कि जिनको हैं मिलावट की आदत

खाने खिलाने में हो रही कई सालों से दिक्कत

उन्हीं को सबक सिखाने चला था

कितना बावला था वो एक शख़्स

ईमानदारी का परचम फ़हराने चला था।

मैं

किसी की बेटी
किसी की बहन
किसी की पत्नी
किसी की माँ
हां, यही मेरी पहचान

पूछा लोगों ने बार बार
फिर वोही सवाल
कुंवारी तो पिता
विवाहिता तो पति
बूढ़ी हुई तो पुत्र का हाथ थाम
मुझे समझाया
इसी में है तेरा सम्मान

चूल्हा चौका
घरदारी
मेरी सीमा
चहारदीवारी
सवाल उठते रहे

मेरे नारी होने पर
खुश होते रहे
मेरे अबला बेचारी होने पर

लेकिन मुझे है जानना
अपना नाम
निकल पड़ी हूँ देहरी लांघ
छूने तमन्नाओं का आसमान
भरकर अपने सपनों की उड़ान
जहां ना पति, ना पिता, ना पुत्र हो पहचान
मुझे बुलाया जाए लेकर सिर्फ मेरा नाम (भावना अवस्थी)

मेरी आस्था

मत उड़ाओ मज़ाक मेरी आस्था का
मैं रखती हूँ व्रत, करती हूँ पूजा
पति बच्चों के लिए रहती हूँ भूखी
नहीं सूझता काम कोई दूजा।

करवा चौथ मेरी फिक्र, मेरा श्रृंगार है
अहोई मेरी चिंता, मेरे आँचल का दुलार है
चाँद तारों को देखकर व्रत तोड़ना
इनकी लंबी उम्र की कामना मेरा उपहार है।

मैं जलाती हूँ मंदिर में रोज़
सुबह शाम आशा का दीया
मंत्र पढ़ती हूँ, गाती हूँ स्तुति ईश्वर की
उसी ने सब कुछ है दिया।

में भारतीय नारी हूँ
भारतीयता का अनुसरण करती हूँ
रखती हूँ नवरात्रि के व्रत
धर्म के मार्ग पर चलती हूँ।

हां, समय के बदलने के साथ साथ
मैंने भी अपना तरीका थोड़ा बदला है
लेकिन धर्म वही, "मेरी आस्था" वही है
उस का स्वरूप आज भी वही पहला है।

मैंने देखा है

मैंने देखा है लोगों को
नवरात्र में गरीब कन्याओं को पूजते हुए
फिर उसके बाद उनको अनदेखा करते हुए
हां, मैंने देखा है।

मैंने देखा है लोगों को
बूढ़े माँ बाप को फटकारते हुए
फिर उन्हीं की तेरहवीं पर भोज खिलाते हुए
हां, मैने देखा है।

मैंने देखा है लोगों को
दूसरों को ग़लत ठहराते हुए
और ख़ुद की ग़लती छुपाते हुए
हां, मैंने देखा है।

मैंने देखा है लोगों को
दूसरे के आँसुओं का मज़ाक बनाते हुए
और ख़ुद के दुख में सहानुभूति चाहते हुए
हां, मैंने देखा है।

स्वावलोकन

ख़ुद से एक मुलाक़ात ज़रूरी है
कुछ सवालात ज़रूरी हैं।

आईने के सामने खड़े रहकर
ख़ुद का दिखना बेदाग़ ज़रूरी है।

किसी के क़िरदार को परखने से पहले
ख़ुद के गिरेबान में थोड़ी ताक - झाँक ज़रूरी है।

आज उन पर बीत रही है कल ख़ुद पर बीतेगी
कैसे भी हों हालात आपस में बात ज़रूरी है।

दिमाग चाहे कुछ भी कहे, कुछ भी समझे
दिलों में अपनों के लिए प्यार के जज़्बात ज़रूरी हैं।

दोस्ती

ना दिखाने के लिए
ना जताने के लिए
दोस्ती तो होती है
सिर्फ निभाने के लिए।

साथ चल पड़ते हैं जब दोस्त
मंज़िलें आसान हो जाती हैं
रास्तों की दूरियाँ भी
हँसते - हँसते कट जाती हैं।

नोंक - झोंक, मस्ती - मज़ाक
रूठना मनाना होता है
दोस्ती शय ही ऐसी है
जिसका अपना ही अफ़साना होता है।

बिछुड़ते नहीं कभी
बस छुप जाते हैं
दोस्त तो दिलों में रहते हैं
यादों में समा जाते हैं।

प्रेम का पौधा

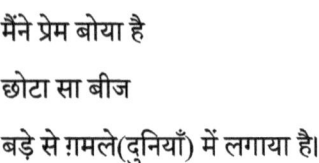

मैंने प्रेम बोया है
छोटा सा बीज
बड़े से ग़मले(दुनियाँ) में लगाया है।

भावों की अंजुली से
सींच रही हूँ
बड़ा होगा एक दिन
सोच के मन हर्षाया है।

अरे देखो, अंकुर फूटा
कोई मुस्काया है
आते ही जगत में
इसने अपना रंग दिखाया है।

बढ़ रहा है प्रेम का पौधा
सहिष्णुता के जल से
और एकता की खाद ने
जादू कर दिखाया है।

वाह, लहराने लगा है अब
वातावरण में शांति और
विश्वास गहराया है।
अब प्रेम ही प्रेम
सर्वस्व छाया है।

आधुनिक नारी

मैं कुछ नहीं कहती
चुप रहती हूँ
लेकिन कुछ गलत हुआ
तो कभी नहीं सहती हूँ।

मैं आधुनिक नारी हूँ
सबका सम्मान करती हूँ
लेकिन कोई मेरा अपमान करे
ये मौका भी नहीं देती हूँ।

मैं हर कार्य में सक्षम हूँ
कंधे से कंधा मिलाती हूँ
लेकिन कोई हाथ अपने कंधे पर
बर्दाश्त नहीं करती हूँ।

मैं परिवार का आधार स्तंभ
पति की सहभागी,बच्चों की दोस्त हूँ
लेकिन अपनी अलग पहचान
अपना एक अलग अस्तित्व रखती हूँ।

हां मैं आधुनिक नारी हूँ
आत्मविश्वास से सराबोर
छाएं कितनी भी घटाएं घनघोर
बिजली की तरह चमकने का दम रखती हूँ।

ये महिलाएँ

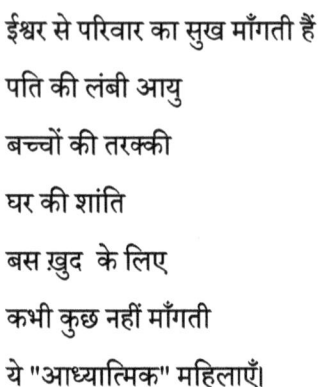

ईश्वर से परिवार का सुख माँगती हैं
पति की लंबी आयु
बच्चों की तरक्की
घर की शांति
बस ख़ुद के लिए
कभी कुछ नहीं माँगती
ये "आध्यात्मिक" महिलाएँ।

घर के कामों में खो देती हैं
ख़ुद को
खाना, कपड़े, बर्तन
ढूंढती हैं इसमें अपनी ख़ुशी
परिवार की पसंद में
अपनी पसंद को भुला देती हैं
ये "सांसारिक" महिलाएँ।

सक्रिय रहती हैं
देश की राजनीति में
बेबाकी से आवाज़ उठाती हैं

अन्याय के खिलाफ़
समाज के लिए ख़ुद को
समर्पित कर देती हैं
ये "राजनीतिक" महिलाएँ।

हर रूप में समर्पित
हर कार्य में सक्रिय
अपना सर्वस्व न्योछावर करने वाली
आध्यात्म, संसार और राजनीति की पूरक
ये महिलाएँ।

आम आदमी

भागता रहता हूँ दिन भर
दो रोटी की जुगत में
परिवार पल जाए मेरा
बस इसी फ़िकर में।

पत्नी की ख़्वाहिशों
बच्चों का भविष्य
रिश्तों को निभाने की कोशिश में
ख़ुद से जूझता हूँ।

सुबह का निकला
रात को लौटता हूँ
परिवार का साथ पाकर
थकन मिटा लेता हूँ।

ज़िंदगी के इस चक्रव्यूह से
निकल जाऊं संभव नहीं है
आम आदमी हूँ मैं
यही मेरी ज़िन्दगी है।

जी ले जी भर के

जी लो जी भर के
एक ही है, एक ही रहेगी
दूजी चाहो तो भी न मिलेगी
ज़िंदगी है, जी लो जी भर के।

बचपन का अल्हड़पन
जवानी का बांकपन
बुढ़ापे की सरसराहट
हर कहानी बनेगी
ज़िंदगी है, जी लो जी भर के।

लड़ेंगे झगड़ेंगे, बनेंगे बिगड़ेंगे
रिश्तों के रंग बिरंगे मोती
समय की माला में
पिरोती रहेगी
ज़िंदगी है, जी लो जी भर के।

ना कुछ लाए थे, ना ले जाओगे
कमा लो कुछ रिश्ते उनका ही मोल पाओगे

यादों के झरोखों से
बीते पलों के मोती चुनती रहेगी
ज़िंदगी है, जी लो जी भर के

आधुनिकता

हर बीमारी, हर ग़म बिकता है
ये दुनियाँ है जनाब
यहां जाता हुआ दम बिकता है।

बीमार बाप बेटे के सोशल स्टेटस पर दिखता है
"लाइक्स" और "कमेंट्स" का अंबार लगता है
"मिलियंस" में "व्यूज़" होते हैं
रिश्ते अब "न्यूज़" होते हैं
पिता की आखिरी सांस लाइव होती है
जलती हुई चिता पर भी लाइक कमेंट्स की दुहाई होती है।

क्या कहूँ इस फ़र्ज़ी रिश्तों की दुनियाँ को अब
समझेगा ज़माना इन एहसासों को कब
सब मशग़ूल हैं "स्टेटस अपडेट" करने में
दो पल का समय नहीं परिवार को साथ रखने में
अब ज़रुरत नहीं है किसी को किसी की
एक फोन कॉल पर ही मुहैया है हर चीज़ ज़िन्दगी की।

तरक्की तो हुई पर दम घुट सा गया है
कैसा इस नई दुनियाँ का रूप नया है
इंसानों की इस दुनियाँ में इंसानियत नहीं है
रिश्ते बहुत बने हैं पर अपनाइयत नहीं है।
क़ाश कुछ ऐसा जादू भगवान हो जाए
इंसान और कुछ नहीं, बस इंसान हो जाए।

दिल की बात

आज फिर दिल की बात सुनी
थोड़ा सुकून मिला
बहुत अच्छी लगी।

बोला अपनी धुन में रह
न सुन किसी की
मस्तमौला बन जा
जी ले ज़िन्दगी।

मैंने कहा, कहां है इतना आसान
मस्तमौला बन जाना
दुनियाँ में आए हैं
तो पड़ेगा बहुत कुछ निभाना।

वो बोला सुन, अगर चाहिए आसानी
तो छोड़ दे सब उस पर
जिसने ये दुनियाँ बनाई
और दी सबको ज़िन्दगानी।

बोला शांत रह ये सोचकर
की जो हो रहा है सब उसकी मर्ज़ी है
ज़िन्दगी की चादर में समय का पैबंद लगाने वाला
वो बहुत होनहार दर्ज़ी है।

मान ली दिल की बात
छोड़ दिया है सब उसके हाथ
यक़ीन है थाम लेगा वो
जो(ईश्वर) हरदम चल रहा है मेरे साथ।

एहसास

कभी मैं कहूँ, और तुम सुनो
कभी तुम कहो, और मैं सुनूं
न तो लफ्ज़ हों, न आवाज़ हो
बस आँखों में ही बात हो।

कभी मैं लिखूं, और तुम पढ़ो
कभी तुम लिखो, और मैं पढूं
न तो स्याही, और न दवात हो
बस प्यार भरे जज़्बात हों।

हां, ऐसा एक जहान हो
जहां न ज़मीं ना आसमान हो
रूहें मिलें रूहों से
मुहब्बत का ही मक़ाम हो।

ख़ुद गर्ज़ी

ज़माने से शिकायतें तो बहुत हैं तुझे
कभी ख़ुद को भी देख
क्या और कैसा है तू?

इसने ये नहीं किया
उसने वो नहीं किया
कभी ख़ुद से भी पूछ
कि क्या कर पाया है तू?

बताता फिरता है सबको
तू अपनी आपबीती
कभी सुन भी ले उनसे
जिनपर तेरी वजह से बीती।

इतना ख़ुदगर्ज़ भी न बन ऐ इंसान
की हँसे तुझपे ये दोनों जहान
सम्हलते नहीं ख़ुद रिश्ते अपने,
और कहता है की तू है नादान।

बस एक बार

अनुभव कहता है
भरोसा मत कर
मन कहता है
एक बार करके तो देख।

अनुभव कहता है
चुप रह, कोई सुनेगा नहीं
मन कहता है
एक बार बोल के तो देख।

अनुभव कहता है
रुक जा कोई साथ आयेगा नहीं
मन कहता है
पहल करके तो देख।

अनुभव कहता है
एक दिन जाना है, सब छोड़ दे
मन कहता है
एक बार जी के तो देख।

मेरी दुनियाँ

मुड़ के देखूं
तो दिखता है बचपन
वो मस्ती, वो अल्हड़पन
वापस इस दुनियाँ की तरफ
फिर ध्यान नहीं जाता।

मुड़ के देखूं
तो दिखता है मायका
पापा का प्यार, माँ की डांट
भाइयों से नोंक - झोंक
सहेलियों का साथ
वापस इस दुनियाँ की तरफ
फिर ध्यान नहीं जाता।

मुड़ के देखूं
तो दिखती है डोली
जिसमें बैठकर विदा में हो ली
पायल की छन छन, मेरे पिया का आँगन
नए नए रिश्ते, निभाने की धुन

अब बस इसी दुनियाँ की तरफ
ध्यान रहता है।

भारत की नारी

हां, शबरी है भारत की नारी
रखती है ख़याल
बना कर भोजन चख लेती है
परिवार को परोसने से पहले।

हां, मीरा है भारत की नारी
पूजन करती है प्रभु का
स्वयं के लिए नहीं
परिवार का सुख माँगती है।

हां, वैदेही है भारत की नारी
पति के सुख में सुखी
दुख में साथ निभाती है
कदम से कदम मिलाती है।

हां, अहिल्या है भारत की नारी
निर्दोष होते हुए भी
सभी दोष उठा लेती है
अकारण कई बार दुख सहती है।

हां, लक्ष्मीबाई है भारत की नारी
परिवार की सुरक्षा के लिए
डट कर खड़ी रहती है
लड़ती है हर आपदा से।

हां, त्याग की प्रतिमूर्ति है भारत की नारी
माँगती है थोड़ा सा
अपनापन, प्यार और सम्मान
न्योछावर कर देती है
अपना तन, मन और मान।

संतोष

मत कहो कि लड़की है इसे कुछ नहीं मिला
पूछो तो ज़रा की क्या क्या पाया है मैंने?

जब से होश आया ,परिवार का प्यार मिला है मुझे
हर त्यौहार की रौनक होने का उपहार मिला है मुझे।

शादी हुई तो सजना ,सँवरना ,सोलह श्रृंगार मिला है मुझे
पिया का घर, घर का सुख, बच्चों का प्यार मिला है मुझे।

खुश हूँ मैं, अपनी इस दुनियाँ का अधिकार मिला है मुझे
पत्नी, बहू ,बेटी ,माँ, कई रिश्तों का आधार मिला है मुझे।

लोग

परत दर परत
खुलते गए लोग
और इस तरह दिल से
उतरते गए लोग।

ज़माने ने रंग
दिखाए हमें हज़ार
जब जब भी अपना रंग
बदलते गए लोग।

कभी न कुछ कहा
न कभी भी कुछ सुना
फिर भी हज़ार बातें
करते ही गए लोग।

एक हम थे कम अकल
जो वहीं टिके रहे
वरना तो यहां
ठिकाने बदलते गए लोग।

बिटिया

बिटिया आई ,ख़ुशियाँ लाई
रौनक आई ,जब मुसकाई।

नन्हे नन्हे पैरों में
चाँदी की पायल छनकाई
तुतलाते बोली जब माँ वो
चेहरे पर मुस्कान छाई।

गुड़िया लेकर पापा आए
खुश हो घर में दौड़ लगाई
नन्हे हाथों में थामकर
मेरी लोरी उसे सुनाई।

खेल खेल में आटा गूंधा
छोटी छोटी रोटी पकाई
साड़ी पहनी, मम्मी बनकर
सबको घर में डांट लगाई।

बड़ी हो गई है अब बिटिया

रहती है ख़ुद में ही समाई
पापा की है लाडो प्यारी
मम्मी से होती है लड़ाई।

बैठ अकेली सोचूं मन में
दिल भारी, आँखें भर आईं
कैसे जाने दूंगी उसको
होगी वो जिस रोज़ पराई।

देखो ना दुनियाँ ने जाने
कैसी है ये रीत बनाई
अपनी प्यारी गुड़िया रानी
की करनी पड़ती है विदाई।

दिल करता है

तन्हाई में रहने को
ख़ुद से बातें करने को
ख़ुद की बातें सुनने को
कभी कभी दिल करता है।

घिर आए जब बदली कोई
ठंडी बयार के आँचल तले
बालकनी में बैठकर
एकटक शून्य में तकने को
कभी कभी दिल करता है।

ज़िन्दगी की भागादौड़ी से
थक जाते हैं जब कभी
एक प्याली चाय की चुस्की लेते हुए
सब कुछ भूल जाने को
कभी कभी दिल करता है।

मेरा संसार

बहुत छोटी सी है मेरी दुनियाँ
जिसमें है मेरा आँचल
और मेरे माथे की बिंदिया

बिंदिया ने जग़मगाया है
मेरा घर संसार
आँचल में खिलखिलाता है
मेरे बच्चों का प्यार।

खुश होती हूँ
इन्हें खुश देखकर
पूरी हो जाती हूँ
इन्हें साथ पाकर।

सुबह की चहल पहल
भागदौड़ बनी रहे
शाम के होते ही
सबके आने की आस जगी रहे।

हर नारी का है ये सपना
कि हे ईश्वर
मेरी इस प्यारी सी बगिया
के फूल खिलाए रखना।

यूँही जगमगाती रहे
मेरे माथे की बिंदिया
आँचल की छाँव में
बसी रहें बच्चों की ख़ुशियाँ।

कैसे कैसे लोग

ज़माने में नाम पाने के लिए
अपना स्तर गिरा देते हैं लोग

प्रसिद्धि की इस अंधी दौड़ में
बदनाम होकर नाम कमा लेते हैं लोग।

दुनियाँ से एक नाम ही है जो साथ जाता है
उसी को मिट्टी में मिला देते हैं लोग।

स्वार्थ देखिए कहां ले आया हमें
ख़ुद को उठाने में अपनो को गिरा देते हैं लोग।

ऐ सावन

ऐ सावन
अब के बरस कुछ ऐसे बरस
कि कई जन्मों की प्यासी धरती
सुकून पा जाए।

ऐ सावन
रिमझिम फुहारों से मदमस्त बौछारों से
यूँ छलछला दे नदियों को
कि सारी गंदगी बह जाए।

ऐ सावन
तू आया है जो अब
तो वापस न जा
प्यार भरे बादल झूम झूम के बरसा।

ऐ सावन
कितना भिगोता है
तू इस धरती को
फिर भी तरसती है हर बरस
तेरे बरसने को।

दिल

नादान है
परेशान है
ज़िन्दगी की हक़ीक़त से
अन्जान है
क्या करें
दिल ही तो है।

दर्द से भरा
प्यार में पड़ा
भावनाओं में बहा
बदनाम है
क्या करें
दिल ही तो है।

ज़माने का मारा
एक अदना बेचारा
अरमानों से भरा
तोड़ना जिसे आसान है
क्या करें
दिल ही तो है।

ज़िन्दगी

आहिस्ता चल ए ज़िंदगी
कुछ वादे निभाने हैं
कुछ रिश्ते बनाने है
कुछ बातें बतानी हैं
कुछ किस्से सुनाने हैं

ना मचल ए ज़िंदगी
कुछ प्यार जताना है
कुछ लाड लड़ाना है
कुछ उनसे सुनना है
कुछ तुझे सुनाना है

जरा सम्हल ए ज़िंदगी
कुछ पाकर खोया है
कुछ खोकर पाना है
कुछ काम अधूरे हैं
कुछ सपने मेरे हैं

ठहर तो एक पल ए ज़िंदगी
दे हाथ मुझे अपना
मैं साथ चलूं तेरे
जानी पहचानी सी
तू लगने लगी है अब

हक़ीक़त

सच मत बोल

बुरा लग जायेगा

मुंह मत खोल

वरना पछताएगा।

बोलेंगे सभी

बता क्या है सही

सुन, तोल - मोल के बोल

वरना धोखा खायेगा।

दिखेगा बहुत कुछ

पर देखना न तू

आँखें बंद रखना

तकलीफ़ नहीं पाएगा।

ख़ुशी में होंगे सब साथ

दुख में कोई न आयेगा

उसपर आलम ये कि

शिकायत भी न कर पाएगा।

एक दिन इंसान
इस हक़ीक़त से रूबरू हो जायेगा
कि वो अकेला ही आया था
और अकेला ही चला जायेगा।

यूँ भी होता है

यूँ भी होता है
चलते चलते राहों में
साथ छूट जाता है
एक हाथ छूट जाता है।

यूँ भी होता है
कहते कहते बातों में
विश्वास टूट जाता है
एहसास छूट जाता है

यूँ भी होता है
आते आते जीवन में
खुशियाँ लौट जाती हैं
और ग़म ठहर सा जाता है।

यूँ भी होता है
जाते जाते इस दुनियाँ से
कोई यादें छोड़ जाता है
एक खालीपन रह जाता है।

कभी यूँ भी हो

कभी यूँ भी हो कि
होंठों पे हँसी आए
और वहीं थम जाए।

कभी यूँ भी हो कि
आँखों में सपने आएँ
और पूरे हो जाएं।

कभी यूँ भी हो कि
रिश्ते जो एक बार बनें
कभी जुदा न हो पाएं।

कभी यूँ भी हो कि
ख़ुशियाँ जो आएँ
तो बस ठहर जाएं।

कभी यूँ भी हो कि
ज़िंदगी का हर पल
सुकून से भर जाए।

तुम

मेरा प्यार तुम
हार श्रृंगार तुम
मेरे हाथों की चूड़ियाँ
पायलों की झंकार तुम।

मेरे दिल की धड़कन
सांसों का हो तार तुम
मेरे मन की हर बात
शब्दों की मिठास तुम।

ज़िन्दगी का गीत तुम
हां मेरे मनमीत तुम
अनंत की ऊँचाइओं सी
बढ़ती मेरी प्रीत तुम।

हो मेरा संसार तुम
मेरा हर अधिकार तुम
ख़्वाहिशों के इस जहां में
जीने का आधार तुम।

सौंदर्य

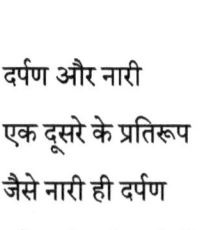

दर्पण और नारी
एक दूसरे के प्रतिरूप
जैसे नारी ही दर्पण
और दर्पण ही नारी हो

दर्पण को देख
नारी निखर उठती है
और नारी के सौंदर्य से
दर्पण पूर्ण हो जाता है।

साड़ी, बिंदी, चूड़ी और समस्त सिंगार
दर्पण के बिना अधूरा है
और जब तक इस सिंगार को
दर्पण में न निहारा जाए
वो भी कहां पूरा है!

ए दर्पण तुम नारी सौंदर्य के साक्षी रहो
खिलती रहे नारी की मुस्कान
ऐसे जतन करते रहो।
नख शिख सौंदर्य को सराहते रहो
नारी में आत्मविश्वास जगाते रहो।

बेटियाँ

माँ की रूपरेखा लिए
पिता का अभिमान समेटे
भाई का मान लपेटे
घर से निकलती है
बेटियाँ।

समाज में अपना स्थान बनाने
परिवार को सम्मान दिलाने
अपना आत्मसम्मान बढ़ाने
घर से निकलती हैं
बेटियाँ।

खुलकर जीना चाहती हैं
आसमान छूना चाहती हैं
ऊंची उड़ान भरने के लिए
घर से निकलती हैं
बेटियाँ।

पिता को कन्यादान का मान दिलाने
माँ के संस्कारों को ऊंचा स्थान दिलाने
माँ, बहू, भाभी का रिश्ता निभाने
विदा होकर घर से निकलती है
बेटियाँ।

पराई नहीं होती कभी
दिल से निभाती हैं रिश्ते सभी
माता पिता के जाने के बाद भी
मायके से जुडी रहती हैं
बेटियाँ।

फ़ुर्सत के पल

फ़ुर्सत के पल अब मिलते नहीं कभी
और गर मिल जाएं तो सोचती हूँ यही
कि क्यों बढ़ गई ये उम्र दिन रात
बचपन में ही तो थी वो अपनेपन वाली बात।

रूठना था, तो मनाना भी था
रुलाना था, तो हंसाना भी था
डांट फटकार थी तो प्यार दुलार भी था
आशा निराशा में साथ पूरा परिवार भी था।

तीज त्यौहार, गाना बजाना हुडदंग भी था
दीपावली के जग़मगाते दीए और होली का रंग भी था
पूरी पकवान, मिठाई खान पान भी था
रिश्तों में मिलना मिलाना, चीज़ों का आदान प्रदान भी था।

उम्र ने बचपन तक का फ़ासला बहुत बड़ा कर दिया है
कल्पना तो करती हूँ, पर यादों को धुँधला कर दिया है
याद आती हैं कुछ यादें, भूली नहीं हैं कई बातें
आज फ़ुर्सत ने लौटा दी वो सारी सौगातें।

अत्याचार (मणिपुर की घटना से प्रेरित)

हर मजबूत महिला
किसी भी पुरुष के लिए
एक चुनौती है।

डर जाता है पुरुष
जब वो डट जाती है
घबरा जाता है
जब वो अड़ जाती है।

अकेले निकल पड़ती है जब
इकट्ठे हो जाते हैं तब
मानसिक बल देख उसका
जुगत लगाते हैं सब।

गिराने की कोशिशें शुरू होती हैं
नई नई बातें शुरू होती हैं
नहीं डरती जब किसी तरह
तो चीरहरण की तैयारी शुरू होती है।

हो जाता है चीरहरण
चीत्कार करता है अंतर्मन
बिखर जाता है उसका तन
क्या बिगाड़ा किसीका
पूछती है आँख नम।

इसपर भी नहीं रुकता अत्याचार
घबरा जाता है कर विचार
कहीं उठ खड़ी हुई तो?
कुछ खिलाफ़ बोल पड़ी तो?

फिर एक जुगत खत्म करने की
फिर एक कोशिश मार देने की
जला डालता है जननी को
जिसे जन्म देते वक्त
ना जाने कितनी मौत मरी थी।

प्रेम

प्रेम
एक अनुभूति
एक एहसास
एक अटूट बंधन
एक विश्वास।

प्रेम
एक सराहना
एक प्रयास
एक निरंतरता
एक आभास।

प्रेम
एक ज्योति
एक प्रक्राश
एक मधुरता
एक मिठास।

प्रेम
एक डोरी
एक श्वास
जैसे आत्मा
का शरीर में वास।

मेरा दोस्त

हँसता मुस्कुराता
हर किसी के मन को भाता
अल्हड़ मस्त मौला सा
थोड़ा थोड़ा मस्ताना था
पुराने चावलों की खुशबू जैसा
एक दोस्त मेरा पुराना था।

बहती धारा सा निश्छल था
दूध जैसा उज्ज्वल था
हवाओं सा वो बहता था
अपनी धुन में रहता था
खरा सोना पुराना था
मेरा वो दोस्त थोड़ा दीवाना था।

सच्चा सीधा सरल था
मन उसका निर्मल था
हर किसी की मदद को आतुर
कल कल बहता जल था
खोया खोया सा रहता था

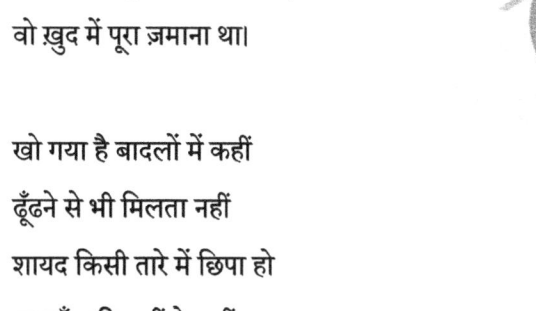

मौसम जैसे सुहाना था
वो ख़ुद में पूरा ज़माना था।

खो गया है बादलों में कहीं
ढूँढने से भी मिलता नहीं
शायद किसी तारे में छिपा हो
या चाँद की ज़मीं पे कहीं
चमका दुनियाँ में सितारे जैसा
उसके क़दमों में सारा ज़माना था।

पुराने चावलों की ख़ुशबू जैसा
एक दोस्त मेरा पुराना था।

दूर निकल आये हैं

कुछ हटकर करने की चाह में
शायद अपनी जड़ों से हट गए हैं
करना क्या चाहते हैं पता नहीं है
लगता है रास्ता भटक गए हैं।

संस्कार लिए जो शहरों में आए थे
उनके तौर तरीके बदल गए हैं
आधुनिकता की दौड़ में
कुछ ज़्यादा ही आगे निकल गए हैं।

किसी को किसी से मिलने की चाह नहीं
सब ख़ुद में ही सिमट गए हैं
हर रिश्ते में चहारदीवारी उठाते उठाते
दिमाग भी चहारदीवारी में कैद हो गए हैं।

अब ज्यादा सोच पाते नहीं हैं
अपने परिवार के बाहर कुछ देख पाते नहीं हैं
आँखों के दायरे सिमट गए हैं
अब भावनाओं के तलाब सूख गए हैं।

कहां जाके रुकेंगे कुछ पता नहीं
कैसे जिएंगे कुछ ख़बर नहीं
रास्ते सबके अलग हो गए हैं
क्या थे हम, और क्या हो गए हैं?

बेटा

गाँव की जमीन, घर बेचकर
माँ बाप चल पड़े शहर की ओर
कारण, बेटा बोल रहा था
सेवा का उसे एक मौका दें और।

ख़ुश थे बतलाते थे सबको
अब कोई चिंता नहीं हमको
बेटे ने है पास बुलाया
तभी गाँव में सब बिकवाया।

बाँध पोटली कुछ सामान की
सब लोगों से राम राम की
पैसा तो सब भेज चुके थे
पहुंचने वाले अब दोनों थे।

आँखों में ख़ुशी के आँसू थे
दिल में मिलने के अरमाँ थे
बोली माँ सेवा नहीं करवाऊँगी
अब अपने हाथों खिलाऊँगी।

समय हो गया लल्ला को देखे
बहू बच्चों की शक्लें निरखे
अब जी भर कर बतियाऊँगी
दिल को ठंडक पहुँचाऊँगी।

स्टेशन पर जब बेटा न आया
मन घबराया, फोन घुमाया (नहीं उठाया)
पता पूछकर जैसे तैसे
पहुंचे घर वो कैसे कैसे।

घर के बाहर लगा था ताला
घबराए, नहीं और ठिकाना
अड़ोस पड़ोस में पूछा सबसे
बोले, नहीं कुछ कहा है हमसे।

पड़े रहे दो दिन ही ऐसे
किस्मत से लड़ते भी कैसे
रुपया पैसा सब कुछ ले गया
बेटा उनको अकेला कर गया।

अब इस उम्र में काम हैं करते
जूठे बर्तन भांडे मलते
बड़े शहर की भरी भीड़ में
आस में बेटे की हैं रहते।
(अभी भी उम्मीद है कि आयेगा)

दिल से उतरे लोग

कोशिशें हज़ार कर लें
चाहे जी लें या हम पर मर लें
बना नहीं पाते फिर दिल में जगह
ये दिल से उतरे लोग।

दुखा दिया करते हैं दिल पहले
हँसते है हम पर हौले हौले
फिर शरीफ़ बना करते हैं
लेकिन दिल में उतर नहीं पाते
ये दिल से उतरे लोग।

ये अलग किस्म के होते हैं
ये आँसुओं के सौदागर हैं
हँसी आती है इन्हें जब हम रोते हैं
फिर उन्हीं को पोंछने का दिखावा करते हैं
ये दिल से उतरे लोग।

हर किसी की ज़िंदगी में
एक बार आते ज़रूर हैं
अपनी करामात दिखाते ज़रूर हैं
फिर भी अपनी कोई हैसियत बना नहीं पाते
ये दिल से उतरे लोग।

औलाद

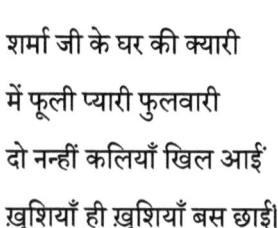

शर्मा जी के घर की क्यारी
में फूली प्यारी फुलवारी
दो नन्हीं कलियाँ खिल आईं
ख़ुशियाँ ही ख़ुशियाँ बस छाईं।

पत्नी और दो बेटों के संग
चलने लगी जीवन की गाड़ी
बड़े हुए दोनों बेटे अब
फूली शर्मा जी की दाढ़ी।

एक डॉक्टर, एक बना इंजीनियर
दोनों का बढ़िया था करियर
शादी हुई और बहुएँ आईं
घर में बजने लगी बधाई।

जब विदेश से ऑफ़र आया
बेटों ने झट से अपनाया
शर्मा जी को भविष्य समझाया
जल्दी अपना टिकट कटाया।

चले गए परिवार समेटे
शर्मा जी रह गए देखते
फिर भी मन को ये समझाया
मजबूरी ने देस छुड़ाया।

बीमार हुई बच्चों की माँ जब
फोन घुमाया विदेश में तब
बोले बेटा वापस आओ
एक बार माँ को देख ही जाओ।

कई मिन्नतों समाजतों से
छोटा बेटा वापस आया
पूछा क्यों आए हो अकेले
बोला भैया ने है कहलवाया।

माँ मरी है अब तुम जाओ
पूरा दाह संस्कार करवाओ
मरे पिताजी मैं जाऊंगा
सब कुछ निबटाकर आऊंगा।

ठगे रह गए शर्माजी बस
सोच रहे थे क्या बोलें अब
क़ाश कि बेऔलाद रह जाते
कम से कम ये देख न पाते।

जिस संतान को प्यार से पाला
जिसे खिलाया अपना निवाला
आस में जिनकी प्राण टिके थे
वो थे ग़ैर, नहीं अपने थे।

स्त्री

स्त्री को किसी ने नहीं सिखाया ममत्व
वो तो फितरतन माँ होती है
सम्हाल लेती है घर परिवार भाई बहन
आदतन ज़िम्मेदार होती है।

स्त्री को किसी ने नहीं सिखाया अपनापन
वो अपनाती चली जाती है सबको
माँ की दी हुई हर सीख को
पिता के दिए हर संस्कार को।

स्त्री को किसी ने नहीं सिखाया ख्याल रखना
वो निस्वार्थ भाव से ख्याल रखती है
ससुराल में सास ससुर और सभी का
और मायके की खबर भी रखती है।

स्त्री ईश्वर की अनमोल रचना है
खुद में खुद को समेटे हुए
नई रचना को जन्म देने वाली
धरती की तरह सब सहती है।

चुनौतियाँ

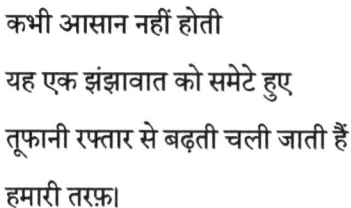

कभी आसान नहीं होती
यह एक झंझावात को समेटे हुए
तूफानी रफ्तार से बढ़ती चली जाती हैं
हमारी तरफ़।

स्वीकार करने की हिम्मत
होती नही सभी में
जो डर जाते हैं इनसे
उनकी गिनती नहीं किसी में।

इस जहाँ में जो चुनौतियों को
स्वीकार कर गया
समझो हर सीमा को
पार कर गया।

आज भी बड़ी चुनौती
है एक सामने खड़ी
इंसान बड़ा है या
है इंसानियत बड़ी।

ए ज़िंदगी

थम जा ज़रा, रुक, ठहर
देखने दे ये हसीन मंज़र
निगाहें भर लूं जरा
इस घड़ी इस पहर
सुन ले मेरे दिल की बात
मत ऐसे मचल
ए ज़िंदगी ज़रा आहिस्ता चल।

बचपन गया, यौवन गया
जीवन का हर एक क्षण गया
तू चल पड़ी खुद में मगन
ज्यों राह तकता हो गगन
तेरी क्षितिज पर एकटक
सुन बावरी कुछ धीर धर
है असंभव यह मिलन

तू मेरी, मैं तेरी सखी
बातें जो मन में हैं रखी
आ बाँट लें वो अब सभी

फिर मौका मिले न कभी
ढल चुकी है शाम
हाथों में हाथ थाम
आ चलें उस ओर
जहाँ मिले वो छोर
जिससे हो रही एक नई भोर।

मन्नत

अब के जो मंदिर जाओ
तो थोड़ी शांति माँग लाना
प्रेम और सद्भाव माँग लाना
थोड़ा आत्म मंथन कर आना।

धन दौलत , भौतिक सुख
इनकी चिंता वहीं छोड़ आना
जितना पास है उसी में
खुश रहने का सुख माँग लाना।

बच्चों के लिए आराम की चीज़ें
माँगने मत बैठ जाना
उनमें सद्बुद्धि , आपसी प्रेम
परिवार का साथ देने की इच्छा माँग लाना।

एक दिया आशा का , विश्वाश का
प्रेम और सद्भाव का जला आना
अब के जो मंदिर जाओ तो
वैमनस्य , द्वेष , ईर्ष्या का त्याग कर आना।

उम्मीद

जब तुझसे न सुलझें
तेरी ज़िंदगी की उलझनें
आना मेरे दोस्त
साथ मिलकर सुलझाएँगे।

जब दुनियां ख़ाली लगने लगे
अचानक दिल घबराने लगे
आना मेरे दोस्त
इक दूजे का हौसला बढ़ाएँगे।

जब लगे कि अब सब ख़त्म हुआ
कोई भी तेरा न हुआ
आना मेरे दोस्त
मिलकर नई उम्मीद जगाएँगे।

मन की बात

मैं व्रत रखती हूँ तुम्हारे लिए
तुम्हारी लंबी उम्र के लिए
घर की सुख शांति के लिए
क्या तुम भी कामना करते हो
मेरी लंबी उम्र के लिए?

मैं भोजन बनाती हूँ
इंतज़ार करती हूँ तुम्हारे आने का
भूखी बैठी रहती हूँ घंटों तुम्हारे लिए
क्या तुम भी कभी भूखे रहोगे
मेरा साथ देने के लिए?

मैं फ़िक्रमंद होती हूँ
खयाल रखती हूँ तुम्हारा
तकलीफ़ में देख नहीं पाती तुम्हें
क्या तुम्हें भी एहसास होता है
कभी कभी मेरी तकलीफ़ का?

कह दो कभी तुम भी
कि मेरे बिना खाना अच्छा नहीं लगता
कि मेरी तकलीफ़ों को महसूस करते हो
कि चाहते हो तुम भी मैं लंबा जियूँ
ताकि मुझे भी यक़ीन हो जाए
कि सोचते हो तुम भी मेरे लिए।

क़ाश

सोचती हूँ कभी कभी
क़ाश वक्त की शाख़ से
कुछ लम्हे तोड़ पाती
रुख़ हवाओं का मोड़ पाती।

बीते पल जो याद आते हैं
उन पलों में फिर से जीना है
क़ाश समय को कुछ पल रोक पाती
रुख़ हवाओं का मोड़ पाती।

जिस आँगन में बचपन छोड़ आई हूँ
अपने दोस्त, लड़कपन छोड़ आई हूँ
क़ाश वो कड़ियाँ फिर जोड़ पाती
रुख़ हवाओं का मोड़ पाती।

वो बेफ़िक्री, वो बेबाक हँसी, वो ख़ुशी
कुछ अलग ही मस्ती, एक अनोखी बस्ती
क़ाश वहाँ एक बार फिर लौट पाती
रुख़ हवाओं का मोड़ पाती
सोचती हूँ कभी कभी।

www.ingramcontent.com/pod-product-compliance
Lightning Source LLC
LaVergne TN
LVHW061619070526
838199LV00078B/7341
9789364525701